Annemarie im Waldkindergarten

Sarah Kluge

Annemarie im Waldkindergarten
Sarah Kluge

ISBN: 9783926341457
3. Auflage 06/2024

Industriegebiet Wolfsberg · 72202 Nagold · www.schoerle.de

Klimaneutral gedruckt auf 100% Recycling Papier.

Illustrationen:
Sarah Kluge

Layout und Hintergrundgestaltung:
Hajo Schörle, Bild und Kunst Urheber Nr. 412 646

Zapfen hüpfen

Annemarie ist bald drei Jahre alt. Sie ist mit ihrer Mutter und ihrer kleinen Schwester im Wald unterwegs. Heute ist ein sehr warmer Tag. Im Wald ist es angenehm. Annemarie entdeckt ein Eichhörnchen, das von einem Baum zum nächsten hüpft. Sie kommen zu einer großen, alten Eiche. „Schau mal, Mama, wie dick der Stamm ist!", ruft Annemarie begeistert. Sie versucht, die Eiche zu umarmen und guckt derweil in den Wald rein. Da sind ja Kinder! Sie nimmt nun neben dem Vogelgezwitscher auch das Lachen der Kinder wahr. Annemarie geht mit ihrer Mama und ihrer Schwester näher zu den anderen Kindern. Nun sieht sie es genau: Die Kinder stehen im Kreis. In der Mitte steht ein Mädchen und hat eine Schnur in der Hand. Am Ende ist ein Zapfen. Das Mädchen dreht sich und die Kinder hüpfen über das Seil. „Das sieht aber lustig aus!"

Wieder dreht der Zapfen eine Runde und bleibt an einem Jungen hängen. „Jonas muss nun in den Kreis!", ruft Selma, das Mädchen, das in der Mitte stand. Jonas geht in die Mitte und guckt in den Wald. „Wer bist denn du?", ruft Jonas. Annemarie kommt langsam hinter den Bäumen hervor und antwortet: „Ich bin Annemarie. Und ihr?" „Wir sind die Waldkindikinder." Eine Frau kommt zu Annemarie. „Hallo Annemarie. Ich bin Christine, Erzieherin im Waldkindergarten. Magst du eine Runde mitspielen?" Annemarie freut sich und stellt sich neben das Mädchen, das in der Mitte war. Christine unterhält sich mit Mama und die Kinder hüpfen fleißig und haben Spaß. „Magst du nicht auch zu uns in den Kindergarten kommen?", fragt Selma. Annemarie nickt. Noch einmal dreht der Tannenzapfen seine Runde. „Annemarie, kommst du? Wir wollen nun weiter.", sagt Mama und verabschiedet sich von Christine. Annemarie winkt den Kindern und macht sich auf den Heimweg.

„Mama, darf ich wieder dorthin?"

Herbst

Winter

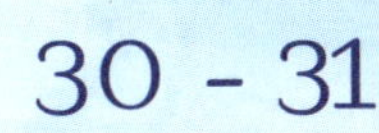

Frühjahr

Sommer

Herbst

Der erste Tag

Annemarie ist aufgeregt. Vor wenigen Tagen ist sie drei Jahre alt geworden. Heute ist ihr neuer Rucksack gepackt: Käsebrot und Tee, Wechselkleidung, gefüllte Händewaschflasche und ein Handtuch. Denn: heute ist Annemaries erster Kindergartentag im Waldkindergarten! Sie freut sich sehr und ist auf die anderen Kinder und Erzieher gespannt. Der Bauwagen des Waldkindergartens steht am Waldrand. Mit Mama zusammen geht sie zur sonnigen Veranda vor dem Bauwagen. Dort wird sie von Erzieherin Christine empfangen: „Herzlich willkommen, Annemarie! Wir freuen uns, dass du nun zu uns gehörst." Annemarie darf sich einen Rucksackhaken aussuchen. „Möchtest du den Igel, das Eichhörnchen, den Marienkäfer oder die Eule?", fragt Christine. Annemarie überlegt kurz und entscheidet sich für das Eichhörnchen. Das ist also ihr Platz im Kindergarten. Zwischen den Holzbalken des Verandageländers lugt sie hindurch. Sie beobachtet neugierig, wie Kinder in einem Tipi spielen. Andere balancieren auf einem Holzstamm, wieder andere machen einen Blätterhaufen und legen sich rein. Christine zeigt ihr nun den Bauwagen. „Im kalten Winter frühstücken wir hier. Dann machen wir uns ein Feuer im Schwedenofen und können uns aufwärmen. Ansonsten sind wir nicht im Bauwagen.", erklärt Christine.

Vor der Veranda ist ein Maltisch aufgebaut. „Möchtest du gerne malen?“, fragt Christine. Annemarie setzt sich zu den anderen Kindern und der Erzieherin Kathrin an den Tisch. Kathrin begrüßt sie herzlich. Dann bekommt Annemarie einen Pinsel und Farbe. Ein prächtiges Bild aus rot, gelb und orange entsteht. Nun ruft David, ein Erzieher: „Alle zum Pipi machen, Hände waschen und dann ist Frühstückspause!“. Auch er kommt zu Annemarie und begrüßt sie. Dann geht er mit den anderen Kindern runter zum Pipi-Platz. Christine, die Annemarie an die Hand nimmt, erklärt ihr, dass nur dort auf dem Kindergartengelände Pipi gemacht wird. Anschließend holen alle Kinder ihren Rucksack. Jedes der Kinder legt sein Sitzkissen auf die Wiese vor der Veranda und davor sein Tischdeckchen. Darauf kommen die Brotdose und die Flasche. Als alle sitzen, wird ein gemeinsames Lied gesungen. Dann wird es ruhiger und die Kinder und Erzieher beginnen zu essen. Annemarie isst ihr Käsebrot und schaut sich im Kreis um. Ihr gefällt es ganz gut! Alle sind nett! Nun trinkt jeder noch etwas und dann machen sich die anderen Kinder auf, um auf dem Waldplatz zu spielen. Für Annemarie endet nun bereits der erste Kindergartentag. Sie ist schon sehr auf morgen gespannt.

Feuerwehreinsatz im Wald

Annemarie ist nun schon einige Tage im Kindi. Der Morgen beginnt wie immer mit dem Morgenkreis. Alle stehen im Kreis und werden begrüßt. Jonas ruft: „Ich will die Kinder zählen". Nun zeigt er nach und nach auf die Kinder und zählt. Es sind zwölf Kinder, es fehlen also fünf. Jonas überlegt und mithilfe der anderen kommt er auf die fehlenden Kinder. Selma darf nun die Erzieher zählen, es sind drei. Dann fassen sich alle an der Hand und singen und tanzen „Jimba, jimba". Ein Heidenspaß macht es, vor allem das Hüpfen am Schluss bei Hey!

Annemarie ist gespannt zu erfahren, was sie heute im Kindergarten unternehmen werden. Erzieher David löst schon das Rätsel: Es geht in den Wald, aber nicht auf den bekannten Waldplatz, heute geht es auf einen anderen. Die Kinder nennen ihn Brückenplatz, da dort ein Baum als Brücke über einen kleinen Graben hilft. Der Weg ist etwas weiter als bis zum Waldplatz. Unter einem großen Birnbaum steht eine Bank. Die Kinder rennen dort hin und machen ein Päuschen bis alle wieder beisammen sind, dann geht's weiter.

Am Brückenplatz angekommen fragt Max Annemarie, ob sie mit ins Feuerwehrauto möchte. Annemarie freut sich und klettert mit Max zusammen auf den Asthaufen. Die Kinder rufen Tatütata und fahren mit ihrem Auto zum Hausbrand. Jeder nimmt sich einen Stecken und spritzt Wasser auf das brennende Haus. Geschafft! Aber da kommt schon der nächste Einsatz. Die Stecken werden abgelegt und weiter geht die Fahrt mit Tatütata in den Nachbarort. Auch dort brennt es und wieder werden die Stecken als Wasserschläuche genutzt. „Wasser marsch!", ruft Max. Der Brand ist gelöscht. Zum Glück ist niemandem etwas passiert, die Feuerwehr war sehr schnell!

Goldene Blätter

„Der Herbst, der Herbst, der Herbst ist da…" Die Waldkinder singen das Herbstlied und sind zu einer Wanderung aufgebrochen. Die Sonne scheint und der Himmel strahlt blau. Aber nicht nur der Himmel strahlt im Sonnenlicht, auch die vielen Herbstblätter. Erzieher David hat ein Körbchen dabei. Darin werden lauter schöne Blätter gesammelt. Besonders die bunten Ahornblätter gefallen den Kindern. Aber sie entdecken auch viele weitere wie Eichen-, Buchen- und Birnbaumblätter. Andere kleine Schätze wie Eicheln und Schneckenhäuser, Moos und Stöckchen werden auch eingesammelt. Immer wenn der Wind bläst, fallen bunte Blätter und die Kinder versuchen sie zu fangen.

„Oh schön, schaut mal!", ruft Selma. Sie hat ein Eichhörnchen entdeckt, das gerade eine Eiche hochklettert und zum nächsten Baum hüpft.

Zurück beim Kindergartenplatz ist es Zeit für die Frühstückspause. Annemarie fragt sich, was sie heute wohl zu essen dabeihat? Ein Butterbrot und Tomaten sind in ihrer Brotdose, in der Flasche warmer Tee. Nach der Frühstückspause werden die gesammelten Blätter in große, alte Telefonbücher gelegt, damit sie dort trocknen können. „Was wir damit basteln?", fragt sich Annemarie.

Zwei Tage später erfährt sie es... Sie stempeln mit den Blättern und es entstehen schöne Herbstbilder. Andere Kinder fädeln die Blätter auf eine Schnur zur Girlande auf. Tolle Kunstwerke, die nun den Bauwagen schmücken, sind entstanden.

Die Waldbäckerei

Ein neuer Kindergartentag beginnt. Heute ist Annemarie schon früher von ihrem Papa in den Kindergarten gebracht worden. Sie geht zu Igor, der über Baumstämme balanciert, und macht mit.

Dann kommt auch schon der Ruf zum Morgenkreis: mit der Flöte. Erzieherin Christine spielt ein Lied und die Kinder kommen zur Veranda gesprungen, da sie wissen, dass es nun losgeht. Dann wird „Ritzen schnitzen" gesungen, ein Lied, das vom Waldkindi erzählt. Die Kinder lieben es und machen die Bewegungen mit. Nun geht es los zum Brückenplatz. Alle Kinder haben ihre Rucksäcke auf und laufen gemeinsam los. Im Wald angekommen geht Annemarie zu einer ihrer

Lieblingsstellen: ein alter Baumstumpf mit lehmiger Erde. Tief unten ist die Erde am besten. Sie buddelt und fängt sofort an Brötchen zu formen.

Sie sucht sich ein Stück Rinde, legt eine dünne Schicht Moos darauf und platziert ihre frisch gebackenen Brötchen. Jonas kommt dazu und fragt, ob er ein Brötchen kaufen könne. „Ja klar! Wie viele möchtest du?" Jonas tut so, als würde er ein Brötchen essen und bäckt weitere Brötchen mit Annemarie. Nun benötigen sie ein größeres Stück Rinde. Dann ruft Jonas: „Frische Brötchen, wer mag frische Brötchen?" Emma, Selma und Igor kommen und kaufen ein. Schöne Blätter werden gegen Brötchen getauscht. Anschließend gibt es Frühstück. Alle Kinder setzen sich in einer Reihe auf dem Boden auf ihr Sitzkissen. Davor ihr Tischdecklein mit Brotdose und Trinkflasche. Nach dem gemeinsamen „Morgens früh um sechs" lassen sich alle ihre echten Brote schmecken.

Kürbissuppe und Kürbisgesicht

Heute hat Annemarie gar keine Brotdose dabei, sondern eine leere Dose mit Löffel. Es wird im Kindergarten gekocht.

Direkt nach dem Morgenkreis hilft Igor Erzieher David ein Feuer im Feuerkorb zu machen. Unter dem Bauwagen ist das Holzlager. Von dort schleppen sie größere Holzstücke und kleine Späne zum Feuerkorb. Diese werden zeltförmig gestapelt. David zündet den Holzstapel an und schon breitet sich das Feuer aus. Über diesen wird

das große Dreibein aufgestellt, an das später der große Kochkessel gehängt wird.

Währenddessen haben sich Annemarie und Max an den Tisch gesetzt und fangen an, die geschälten Kartoffeln und Zwiebeln zu schneiden. „Puh, geht das schwer!", stöhnt Annemarie. Erzieherin Christine hilft. Die Kartoffeln und der Kürbis sind im Kindergarten gewachsen. Letzte Woche hatten die Kinder die

Kartoffeln aus dem Boden gebuddelt und in den Erdkühlschrank gelegt. Auch der Kürbis wird ausgehöhlt und die Kinder schneiden ihn in kleine Stücke.
Erzieherin Kathrin hilft ihnen und schnitzt dann dem Kürbis ein schönes Gesicht. Später stellt Sebastian den Kürbis vorne beim Kindergarteneingang auf. „Morgen früh leuchtet er im Dunkeln, wenn ihr wieder in den Kindergarten kommt!", sagt Kathrin.
Die fleißigen Gemüseschneider werden nun von anderen Kindern abgelöst und gehen auf dem Kindergartenplatz spielen. In ihrem Tipi haben sie viele Blätter gesammelt und legen sich hinein.
Wenige Zeit später riechen sie den Duft der Suppe. Neugierig kommen sie zum Feuer. Christine rührt gerade im großen Kochtopf um. „Bald ist die Suppe fertig!". Die Kinder freuen sich schon darauf.
Da ruft Christine: „Frühstückspause!" Jedes Kind holt wie immer das Sitzkissen und das Tischdeckchen raus. Nach und nach bekommt nun jeder von der Suppe. Ein herrlicher Duft ist auf der Kindergartenveranda! Da die Suppe noch etwas auskühlen muss, singen die Kinder gemeinsam „Die Kartoffeln und das Korn". Dann kehrt Ruhe ein und die Kinder löffeln die Suppe. Annemarie genießt jeden Löffel! Aber nicht nur die Suppe, nein, auch, dass sie ein Waldkindikind ist und so tolle Dinge erlebt!

Die Trollwohnung

Annemarie ist gespannt, was sie heute wohl im Kindergarten erleben wird. Ihre Mama hat sie gebracht und kurz danach beginnt der Morgenkreis. Sie singen „Jimba, jimba", Sebastian zählt die Kinder und Annemarie die Erwachsenen.

Die Kinder schauen sich gemeinsam den Himmel an und sprechen über das Wetter. Dann endlich sagt Erzieherin Kathrin, was sie heute machen werden: Sie gehen auf den Waldplatz.

Annemarie freut sich sehr, denn sie möchte nach ihren Trollen schauen. Die Kinder setzen ihre Rucksäcke auf und machen sich mit den Erziehern gemeinsam auf den Weg zum Waldplatz. Zunächst geht es etwas den Berg hinauf und dann steil im Wald runter. Manche Kinder setzen sich auch auf ihren Po und rutschen den Hang hinunter. Auf dem vielen Laub geht das recht gut. Unten angekommen, legt Annemarie ihren Rucksack zu all den anderen Rucksäcken und rennt zu dem Baum, wo ihre Trolle wohnen. Ganz am Boden, dort wo der Baumstamm in die Wurzeln im Boden übergeht, gibt es kleine Höhlen. Annemarie nimmt einen Stecken und befreit die Eingänge von dem herunter gefallenen Laub. Da sieht sie auch schon das Schlafzimmer ihrer Trolle. Aus Moos hatte sie Bettdecken und Kopfkissen gemacht und kleine dicke Stöcke liegen in den kuscheligen Bettchen. Auf der anderen Seite macht sie auch den Stamm vorsichtig frei. Eine andere Höhle beginnt dort. Ringsherum stecken Stöckchen im Boden. Das ist der Eingang des Trollhauses. Heute möchte sie den Trollen noch einen Essplatz einrichten. Eine weitere Höhle legt sie mit dem Stock frei. Sie sammelt im Wald Eichenhütchen, diese sollen die Suppenteller werden. Rindenstücke bilden den Esstisch. Darauf legt sie behutsam die gesammelten Eichenhütchen. Jonas kommt zu Annemarie gelaufen und spielt mit. Blätter werden fein zerrupft und dienen als Essen. Die Zwei holen die Trolle aus ihren Betten und legen sie neben den Tisch. Die Sonnenstrahlen scheinen genau auf den Essplatz. Annemarie und Jonas freuen sich!

Nun ruft Erzieher David die Kinder zur Frühstückspause und es gibt auch für die Kinder etwas zu essen. Jonas sagt zu Annemarie: „Nun können wir gemeinsam mit den Trollen essen!"

Die Busfahrt

„Hallo Kinder, ein neuer Tag beginnt. Da freuen wir uns alle, dass wir beisammen sind, da freuen wir uns alle, dass wir beisammen sind.“, singen die Waldkindikinder im Morgenkreis. Der Herbst zeigt sich heute von seiner etwas raueren Seite: Die Blätter fliegen, die Wolken bewegen sich schneller, lassen nur ab und zu die Sonne durchschauen und bringen immer wieder Regen.

Erzieherin Christine verkündet, dass es gleich auf den Waldplatz gehen wird. „Yippie, es regnet!“, freut sich Annemarie. Sie liebt es im Regen zu laufen. Zusammen mit Jonas versucht sie die Regentropfen mit dem Mund aufzufangen.

Auf dem Waldplatz angekommen, buddeln sie nach Regenwürmern und sammeln sie auf einem umgefallenen Baumstamm. „Wer mag mitfahren? Bitte einsteigen! Die Fahrt geht gleich los!" Igor setzt sich auf den Baumstamm und spielt, ein Lenkrad in der Hand zu haben. Er ist nun Busfahrer. Selma und Annemarie wollen mitfahren, Jonas kommt dazu gesprungen und setzt sich zwischen die Mädchen. Nun singen die Vier „Die Räder vom Bus, die rollen dahin..." und lehnen sich mal nach rechts und nach links, wenn es in die Kurven geht. „Achtung, gut festhalten!", ruft Igor. Er muss bremsen, da Max einsteigen möchte. Er setzt sich hinter Selma. Die Fahrt kann nun wieder los gehen. Rechts herum. Links herum... Annemarie ruft: „Stopp, ich mag aussteigen!" Igor hält den Bus an. Annemarie klettert vom Baumstamm und geht zu Christine. „Ich muss Kacka machen.", sagt sie. Christine holt mit Annemarie zusammen den Kacka-Beutel, ein Jutesack, in dem eine Schaufel und Klopapier drin sind. Dann gehen sie zusammen an den Rand ihres Waldplatz. Christine gräbt ein Loch. Dort kann Annemarie Kacka reinmachen. Anschließend wird es wieder zugebuddelt und ein Stecken reingesteckt, damit jeder weiß, dass hier nicht gespielt werden soll. Annemarie wäscht sich die Hände mit Seife und ihrer Händewaschflasche. Sie rennt wieder zum Baumstamm und ruft: „Bitte anhalten! Ich möchte wieder einsteigen!". Igor bremst, alle Kinder beugen sich nach vorne. Annemarie klettert wieder auf den Baumstamm. Die Fahrt kann weiter gehen.

Winter

Sternenzauber

Es ist kalt geworden! Klarer Himmel, die Sonne ist noch nicht aufgegangen. Es hat Frost. Alles ist von einem Schimmer überzogen. Annemarie kommt mit mehreren Lagen warmer Kleidung in den Kindergarten. Dort ist etwas Helles zu sehen und sie hört ein Knacken. Ein Feuer brennt in der Feuerschale. Die anderen Kinder stehen mit Erzieherin Christine drum herum. Manche knien am Boden und wickeln Draht um etwas. Annemarie geht zum Feuer. „Möchtest du auch einen Stern

basteln?“, fragt Christine. Auf einem Baumstumpf liegen Sterne aus Karton. Christine gibt Annemarie einen Draht und erklärt ihr, diesen eng um den Karton zu wickeln. Annemarie schaut wie Sebastian es macht. Sie setzt sich zu ihm ans Feuer und beginnt. Das Feuer wärmt schön. Sie wickelt den Draht nach und nach um die einzelnen Zacken. Als sie fertig ist, wirft sie mit Christine ihren Stern ins Feuer. Der Karton verbrennt und zaubert einen schönen Drahtstern. Sie holen ihn mit der Zange aus dem Feuer.

Annemarie schaut auf. Sie sieht, wie die Sonne aufgeht und merkt, dass es nun schon viel heller ist. Auch schimmert der Frost noch viel mehr. Alles glitzert!

Erzieherin Kathrin ruft zum Morgenkreis. Alle Kinder sammeln sich heute um das Feuer. Die Kinder singen das Wachmacherlied: „Ach, wie bin ich müde, ach, ich schlaf gleich ein. Doch es ist ja heller Tag, wie kann ich müde sein. Jetzt stampf ich mit den Füßen und wackel mit dem Bauch...“ Die Kinder sind jetzt hellwach und auch die Sonne scheint hell. Alle haben Spaß, mit den Füßen zu stampfen und mit dem Bauch zu wackeln. Nun kommen sie fast schon ins Schwitzen.

Schneegestöber

Die Nacht über hat es geschneit. Annemarie ist aufgeregt. Sie kann es kaum erwarten im Kindergarten anzukommen. Der Schnee knarzt unter ihren Füßen. Sebastian und Max sind bereits im Kindergarten. Sie rollen eine Kugel, die immer größer wird. Annemarie rennt hin und fragt, was sie machen. „Einen Schneemann bauen. Hilfst du uns? Die Kugel wird immer schwerer.", antwortet Max. Annemarie ist natürlich sofort dabei. Zusammen mit den Jungs versucht sie, die Kugel weiter und weiter zu schieben. Als die Kugel ihnen bis zur Hüfte geht, fangen sie erneut an, eine Kugel zu formen und diese zu rollen. Mit Hilfe von Erzieherin Kathrin setzen sie die zweite kleinere Kugel auf die erste. Eine weitere kleinere Kugel kommt nun als drittes drauf.

Sebastian hat eine Idee: Im Herbst hatte er viele Kastanien gesammelt und bei einem Baum hingelegt. Zusammen laufen die Drei dorthin. Sie buddeln im Schnee nach den Kastanien und finden einige.

Der Schneemann erhält nun fünf Knöpfe und zwei Augen. Auch den Mund formen sie aus Kastanien. Die Kinder suchen schöne Stecken und geben ihrem Schneemann Arme.

Ein Stöckchen dient noch als Nase. Aus dem Schuppen bekommen sie von Kathrin einen alten Kochtopf. Nun hat der Schneemann einen Hut. Die drei Kinder freuen sich über ihren neuen Spielkameraden.

„Lasst uns nun noch Schneekuchen backen.“, sagt Max. Im Schuppen ist eine alte Kuchenform. Max schaufelt Schnee rein und drückt ihn fest. Auf einen Baumstumpf neben dem Schneemann dreht er die Kuchenform um. Fertig ist der Schneekuchen. Mit einem Stöckchen schneidet Sebastian den Kuchen vorsichtig auf. Annemarie, Max, er selbst und natürlich der Schneemann bekommen ein Stückchen. Sie setzen sich gemeinsam in den Schnee und spielen den Kuchen zu essen.

Erzieherin Christine ruft alle Kinder zur Frühstückspause.
Da merken Max, Sebastian und Annemarie,
dass sie Hunger haben und
freuen sich auf ihre Brote.

Besuch vom Krokodil

Es stürmt! Die Bäume schwanken, die Büsche werden durchgeschüttelt. Annemarie wird heute von ihrer Mutter nicht wie gewohnt zum Kindergartenplatz gebracht, sondern in die Notunterkunft des Kindergartens. Erzieherin Kathrin sagt zu den Kindern: „Schaut zum Fenster heraus. Die Wolken fliegen am Himmel entlang. Es ist sehr windig und deshalb können wir uns nicht im Wald aufhalten.“ Gespannt schauen die Kinder den Wolken zu. „Und was machen wir heute?“, fragt Max. „Wir bekommen Besuch.“ verrät Kathrin. „Von wem?“ Alle Kinder gucken erstaunt. Die Tür geht auf und Frau Dent, die Zahnärztin, kommt mit einem Krokodil herein. „Guten Morgen, liebe Kinder“, sagt das Krokodil. „Habt ihr auch alle gut die Zähne geputzt?“ Annemarie denkt schnell nach und nickt vorsichtig. Frau Dent hat eine große Zahnbürste dabei. Das Krokodil sagt: „Ich aber noch nicht. Könnt ihr mir helfen?“ Jonas nimmt Annemarie an die Hand und zusammen schrubben sie mit der großen Zahnbürste die

Zähne. Die anderen Kinder versammeln sich ringsherum. Frau Dent erklärt dabei, wie man Zähne putzt. Nun dürfen andere Kinder dem Krokodil die Zähne putzen. Es macht viel Spaß. Das Krokodil bedankt sich. Alle Kinder setzen sich in einen Kreis. Frau Dent bespricht mit den Kindern, wofür sie ihre Zähne brauchen: zum Essen, aber auch zum Sprechen. Und deshalb ist es wichtig die Zähne gut zu pflegen. Wie sieht denn ein Zahn aus? Jeder bekommt ein Ausmalbild von einem Zahn und nun wird fleißig gemalt. Frau Dent hat auch zwei große, gebastelte Zähne dabei. Der eine hat braune Flecken und guckt traurig. Der andere ist strahlend weiß und lacht. Aus ihrer Tasche zieht sie noch weitere Bilder heraus: Schokolade, Brokkoli, Zahnbürste, Bonbons, Naturjoghurt, Saft, Möhre, Salat und einen Lolli. Die Kinder legen die Bilder zu den Zähnen: All das, was gut für die Zähne ist, kommt zum lachenden Zahn. Das, was den Zähnen schadet, kommt zum traurigen Zahn. Aber den traurigen Zahn legen sie zur Seite und nehmen sich vor, ihre Zähne gut zu pflegen.

Futterparadies

Vor dem Bauwagen ist ein Tisch aufgebaut. Es liegen Bretter und eine Plexiglasscheibe darauf. Die Kinderwerkbank steht daneben. Und in einem Korb entdecken Selma und Annemarie Farbe und Pinsel. Sie schauen sich an und fragen sich, was sie nun gleich machen. Im Morgenkreis erfahren sie es von Erzieherin Christine: „Wir bauen Eichhörnchenfutterstellen." Jedes der Kinder bemalt ein Brett. Bis diese getrocknet sind, fragt Erzieher David die Kinder, wo die Eichhörnchen leben und was sie essen: Nüsse, Sonnenblumenkerne und andere Sämereien,

Früchte, aber auch Schnecken, Ameisenpuppen und Larven. „Und wie knacken sie die Nüsse?", fragt Emma. „Sie können ihre unteren Schneidezähne gegeneinander verschieben, die oberen sind fest. Durch die Reibung können sie Nüsse knacken und aufhebeln.", erklärt David. Die Kinder staunen und probieren ihre unteren Schneidezähne gegeneinander zu verschieben.

„Ich kann das nicht. Zum Glück habe ich einen Nussknacker daheim.", sagt Max. Alle müssen lachen. Die nun getrockneten Bretter werden zusammengeschraubt und vorne wird die Plexiglasplatte eingesetzt. Die Kinder bauen mit den Erziehern wunderschöne Futterstellen. Nun hängen sie diese in Bäumen rund um den Kindergarten auf. Über Baumstümpfe klettern die Kinder zu den Futterstellen herauf und füllen Nüsse und Sonnenblumenkerne hinein. „Jetzt haben sie genug zu essen. Vielleicht sehen wir mal ein Eichhörnchen, wenn es von uns Nüsse holt?", fragt Annemarie.

Sie gehen weiter zu ihren Vogelhäuschen und füllen auch dort Vogelfutter auf. „Ich brauche Hilfe von ein paar starken Kindern.", ruft Christine. Max, Selma, Sebastian und Annemarie kommen gesprungen und gehen mit Christine zum Erdkeller. Dort holen sie ein paar Äpfel heraus. Mit einer Nadel ziehen sie Fäden durch die Äpfel und hängen diese in Bäume.

Leise rieselt der Schnee

Die Waldkindergartenkinder machen sich heute stapfend durch den tiefen Schnee auf zu einer Schneewanderung. Annemarie freut sich sehr über den Schnee. Gemeinsam singen sie „Leise rieselt der Schnee". „Schaut mal her!" Annemarie hat Spuren im Schnee entdeckt. Die Kinder schauen sich die Spuren mit den Erziehern an. Ist die Spur von einem Reh? Sie laufen gemeinsam der Spur hinterher und schließlich verlieren sie die Spur im Gebüsch. Unweit vom

Gebüsch ist ein Hang. „Können wir dort runterrutschen?", fragt Max. Erzieherin Kathrin nickt. Alle Kinder freuen sich. Die Kinder setzen sich auf den Boden und rutschen auf ihren Schneehosen den Berg hinab. Das macht Spaß! Jonas probiert nun aus sich herunterzurollen. Das klappt auch gut. Die Rutschbahn wird immer besser und die Kinder können immer schneller herunterrutschen oder herunterrollen. Selma bleibt auf dem Boden liegen, guckt in den Himmel und versucht die Schneeflocken mit dem Mund aufzufangen. Derweil bewegt sie ihre gestreckten Arme und Beine. Als sie aufsteht, ruft Annemarie: „Schau mal, du hast einen Engel gemacht!" Auch sie probiert es aus. Nun liegen zwei Schneeengel auf dem Boden. Max und Jonas haben derweil aus dem Schnee einen Haufen gemacht. Die Mädchen helfen ihnen und stapfen den Schnee gut fest. An der Außenkante ziehen sie mit der Hand spiralförmig eine Bahn um den ganzen Berg. Jonas holt zwei Kastanien aus seiner Jackentasche hervor. Diese hatte er im Herbst gesammelt. Gemeinsam lassen die Kinder die Kastanien wie Kugeln die Bahn herunterrollen. Sie bauen noch weiter einen Tunnel und eine Sprungschanze für die Kastanien.

„Nun rollen nicht mehr wir, sondern die Kastanien!", sagt Selma lachend.

Musik im Wald

Erzieherin Christine hat zwei Hölzer in der Hand und schlägt sie im Rhythmus aufeinander. Die Kinder kommen zum Morgenkreis gesprungen. Christine gibt das Tempo mit den Klanghölzern vor und alle zusammen singen Aramsamsam. Als nächstes klopft sie den Rhythmus schneller und nun wird auch das Lied schneller gesungen. Dann ganz langsam. „Heute wollen wir Musikinstrumente bauen und bemalen." sagt Christine.

Die Kinder machen sich zu einer Wanderung auf, um Material dafür zu suchen. Im Wald werden Stecken und Eicheln gesammelt. Auf dem Rückweg kommen sie noch an einem Walnussbaum vorbei: Hier heben sie Walnüsse auf.

Am Kindergartengelände angekommen sägen Jonas und Selma mit Erzieherin Kathrin lange Hölzer in kürzere und schmirgeln sie ab. Anschließend malen sie sie mit Farben schön an. Die beiden können es kaum erwarten ihre selbst gemachten Klanghölzer auszuprobieren. Annemarie und Max bohren in kleine Holzbrettchen zwei Löcher an eine Seite. Auf die andere Seite kleben sie Eicheln. Anschließend werden auch diese bunt bemalt und mit einem Gummi verbunden. „Schaut mal, meine Kastagnette ist fertig!" freut sich Max. Emma und Sebastian betrachten ihre Tamburine. Sie haben mit Kathrin einen Draht zum Halbkreis gebogen und Walnussschalen darauf aufgefädelt, anschließend an einem Stöckchen befestigt.

Bis die Instrumente getrocknet sind, malen die Kinder noch leere Schneckenhäuser an. Sie verzieren ihr momentan so eintöniges Blumenbeet. „Nun ist auch im Winter unser Beet schön bunt!“, sagt Max. Jonas fängt an zu singen: „Ich lieb den Winter. Ich lieb den Sonnenschein. Wann wird es endlich wieder Frühjahr sein?“ und alle Kinder lachen über die Abwandlung des bekannten Liedes. Sie holen ihre neu gebastelten Musikinstrumente und singen mit Christine „Ich lieb den Frühling“. Im Rhythmus dazu klappern Kastagnetten, die Tamburine klingen und die Klanghölzer ertönen.

Helau Waldgeister

Heute ist Schmotziger Donnerstag. Jeder hat ein großes T-Shirt dabei. „Für was ist das?", fragt Annemarie. Sie kann es kaum erwarten zu erfahren, was sie heute machen. „Wir wollen Waldgeister-Kostüme basteln.", lüftet Erzieher David das Geheimnis. Neben dem Bauwagen sind Maltische aufgebaut. Jedes Kind nimmt sein mitgebrachtes T-Shirt und fängt an, es mit unterschiedlichen Grüntönen anzumalen. Grüne Tupfen, Striche querbeet machen die eintönigen T-Shirts zu kleinen Kunstwerken. Sie hängen die T-Shirts auf, damit sie trocknen können. Dann wird weiter gemacht: Es fehlen noch die Waldgeister-Hüte. Zunächst zeigt Erzieherin Kathrin, wie man aus Zeitungspapier einen Hut faltet. Dann machen die Kinder es Schritt für Schritt nach und malen auch diese grün an.

Nun geht es in den Wald und die Kinder suchen nach Naturschätzen. „Schau mal, wie weich das Moos ist!", sagt Jonas. Er streichelt darüber und legt sich ins Moos hinein. Kleine Zweige mit Lärchenzapfen finden sie. Große Tannenzapfen hängen an einem herunter gefallenen Ast. „Das hat wohl der Sturm heruntergefegt.", meint Selma. Sie suchen noch weiter und entdecken Eicheln, Schneckenhäuser und unter dem Walnussbaum wenige Walnüsse.

Dann gehen sie zum Bauwagen und sortieren alles und betrachten es. Im Sonnenschein leuchtet das Moos und duftet.

„Ich möchte bohren!", ruft Selma und geht zu der Werkbank. Sie nimmt ihre Ästchen, Eicheln und Walnussschalen mit. Die anderen Kinder kommen dazu und fangen auch an mit David Löcher zu bohren, zu sägen, abzuschmirgeln. Annemarie und Emma beginnen mit Erzieherin Christine, mit Nadel und Faden die durchgebohrten Naturmaterialien an die T-Shirts anzunähen. Nun werden die T-Shirts zu richtig tollen Waldgeister-Kostümen. Die Kinder bewundern sie. Jeder zieht sein T-Shirt an und seinen Hut auf. „Huhu, ich bin ein Waldgeist!“, sagt Max. Alle müssen lachen. Dann singen sie und tanzen dazu: „Ein Männlein steht im Walde und tanzt wild herum. Es hat vor lauter grü-ün, ein Mäntelein um. Sag wer mag das Männlein sein, das da steht im Sonnenschein. E-es ist das Waldgeist-Männelein.“ Im Anschluss gibt es grünen Smoothie für alle. „Nun sind wir ganz grün! Außen und innen...“, ruft Annemarie.

Frühjahr

Hm lecker, Bärlauchbutter

Annemaries Brotdose enthält heute einfach nur Brot ohne Belag. „Heute machen wir uns Bärlauchbutter", sagt Erzieher David. Auf geht's zum Bärlauch-Sammeln. Unweit des Waldplatzes gibt es eine große Stelle mit viel Bärlauch. Die Kinder ziehen ihre Rucksäcke auf und nehmen Körbchen zum Sammeln mit. Auf dem Weg dorthin hören sie die Vögel zwitschern. Selma beginnt zu singen: „Alle Vögel sind schon da" und die anderen stimmen mit ein. „Guckt mal, dort sind zwei Eichhörnchen und spielen Fangen!", ruft Igor. Alle Kinder gucken den beiden gespannt zu. Von einem Baum zum anderen hüpfen sie. Dann rennen sie den einen Baumstamm hoch und den anderen runter.

Weiter geht es den Weg entlang. Man riecht den Bärlauch bereits. Und nun sieht man auch schon den Bärlauchteppich. Ein grünes Blättlein neben dem anderen. Erzieherin Christine erklärt den Kindern, dass man den Bärlauch am besten nur bis zur Blüte erntet. Danach verliert er den typischen Geruch und Geschmack und kann leicht mit den giftigen Maiglöckchen, dem Aronstab oder den Herbstzeitlosen verwechselt werden. „Und damit der Bärlauch nächstes Jahr wieder so gut treibt, pflückt ihr am besten nur ein Blatt von einer Pflanze.", ergänzt sie noch. Nun beginnen die Kinder zu sammeln. Zwischen den Blättern entdeckt Annemarie einen Regenwurm. Sie liebt Regenwürmer und zeigt ihn Max, der sie auch sehr mag. Als die Körbchen

voll sind, machen sie sich wieder auf den Rückweg zum Bauwagen. Sie waschen den Bärlauch gründlich ab. Dann setzen sich die Kinder an einen Tisch und schneiden den Bärlauch klein. In eine Schüssel kommt Butter. „Wer mag die Butter zerdrücken?“, fragt Christine. Selma meldet sich. Nach und nach bekommt sie klein geschnittenen Bärlauch. Es duftet so sehr und die Kinder können es kaum erwarten die Butter zu probieren.

In der Frühstückspause ist es aber soweit, jeder bekommt Butter auf sein Brot geschmiert. „Hm, lecker! Das schmeckt aber gut!“, sagt Jonas. Auch die anderen Kinder lassen es sich schmecken.

Wie schön, dass du geboren bist!

Ein besonderer Tag beginnt. Emma hat heute Geburtstag und wird vier Jahre alt. Vor dem Bauwagen steht der Geburtstagsthron. Erzieherin Christine spielt auf der Flöte, der Morgenkreis beginnt. Emma setzt sich auf den Geburtstagsthron und bekommt eine Krone aufgesetzt. Die anderen Kinder stehen wie gewohnt im Kreis. Emma darf sich zunächst ein Geburtstagslied wünschen: „Wie schön, dass du geboren bist." Die Kinder und Erzieher singen für Emma das Lied. Sie genießt es und hört gut zu. Anschließend darf jeder der Reihe nach Emma einen guten Wunsch fürs nächste Lebensjahr mitgeben. „Ich wünsche dir, dass du viel lachst!", sagt Annemarie und schenkt ihr eine gepflückte Blume.

Dann beginnt die Schatzsuche. Alle Kinder sollen zum Balancierbaumstamm. Dort müssen sie den ersten Hinweis suchen. In den Furchen des Baumstamms findet Max einen kleinen Zettel. Erzieherin Kathrin liest vor: „Sucht euch einen Wanderstock und marschiert damit zum Walnussbaum." Jedes Kind findet einen schönen für sich. Dann geht es weiter zum Walnussbaum. Der Wald duftet nach Frühjahr, man sieht Buschwindröschen und Bärlauch. Beim Walnussbaum entdeckt Annemarie unter mehreren Walnüssen einen neuen Zettel. Erzieherin Christine liest vor: „Finde einen spitzen und einen runden Gegenstand und sucht den weiteren Hinweis bei der alten Eiche." „Ich habe bereits einen runden Gegenstand. Ich nehme eine von den Walnüssen.", ruft Jonas. Die anderen Kinder finden noch Eicheln, Schneckenhäuser und Steine. Und spitz? Auch da entdecken sie Lärchennadeln, Stöckchen, spitze Steine und vieles mehr.

Die alte Eiche steht auf dem Waldplatz. Der Baumstamm ist sehr dick. Die Kinder rennen gemeinsam dorthin und suchen nach einem weiteren Hinweis.

Selma sieht bereits beim Hinlaufen den nächsten Zettel. „Hier im Busch hängt ein Zettel am Ast. Was wohl darauf steht?“ Kathrin liest ihn vor: „Paust mit einem Buntstift die Rinde der alten Eiche ab, dann seid ihr dem Schatz ganz nahe.“

Die Kinder pausen die Rinde ab. Schöne Bilder entstehen. Aber wo ist nun der Schatz?

Emma ist mit ihrem Bild noch nicht fertig und entdeckt in der tiefen Baumrinde ein Loch.

War da wohl mal ein Specht?

Aber was steckt denn da drin?

„Schaut mal her!“, ruft sie. Emma zieht ein kleines in Stoff gewickeltes Geschenk heraus. Darin befindet sich ein als Marienkäfer bemalter Stein. „Wie schön!“, ruft Annemarie.

Nun geht es zurück zum Bauwagen.

Heute frühstücken die Waldkinder dort. Emma hat selbst gebackene Hefetiere mitgebracht.

Es sind rote, grüne und gelbe Eichhörnchen, Füchse und Igel. „Hm, sind die lecker!“

Die Burg

„Schau mal Annemarie, dort am Himmel!", begrüßt Emma ihre Freundin, als sie morgens in den Kindergarten kommt. Am Himmel ist ein schöner Regenbogen zu sehen.
„Wie toll die Farben sind!", sagt Annemarie.

Dann gehen sie zusammen zu den anderen. „Heute gehen wir zum Waldplatz", verkündet Erzieher David im Morgenkreis. Mit Regenhüten und ihren Rucksäcken machen sich die Kinder auf den Weg dorthin. Ein Regenwurm nach dem anderen schlängelt sich über ihren Weg. Annemarie und Max sammeln Regenwürmer, die anderen bringen ihnen auch noch welche. Dann setzen sie sie auf ein schönes Stück Moos frei und gehen weiter.

Annemarie schaut zunächst nach ihren Trollwohnungen. Nun im Frühjahr muss sie nicht zunächst die vielen Blätter entfernen, sondern vorsichtig die neu wachsenden Pflanzen zur Seite drücken. Dann sieht sie, dass die zwei Trolle im Bett liegen. „Aufstehen! Es ist schon längst Tag!", ruft sie und setzt sie an den Tisch in die Küche.

Max ruft: „Kommt mal alle her, hier ist eine Ritterburg!" Er zeigt auf einen alten großen Baumstumpf, der mit Moos überwuchert ist. Igor findet einen Tannenzapfen. „Das ist mein Ritter! Ich verteidige unsere Burg!" Die anderen Kinder suchen auch nach Tannenzapfen und spielen mit. Selma und Annemarie richten eine Küche ein und suchen nach Eichenschälchen. Sie sind im Frühjahr nicht mehr so leicht zu finden wie im Herbst. Aber sie haben Glück und finden genug Schalen für die Ritter. Max lässt einen Ritter die Moosrutsche runterrutschen. Er geht nun Essen sammeln. Jonas stellt seinen Ritter auf, damit er mit Igors Ritter gemeinsam auf die Burg aufpasst. Die Kinder suchen noch Stöckchen als Schwerter und Lanzen und statten die Ritter aus. Derweil entdecken sie ein Loch.

„Das ist ein Geheimgang!", sagt Sebastian ganz aufgeregt. Und tatsächlich...

Wenn man eine Eichel oben ins Loch am Stamm fallen lässt, plumpst sie unten wieder heraus.

Tatütata, der Rettungswagen ist da

Die Waldkinder stehen gerade im Morgenkreis und singen „Kuckuck, kuckuck, ruft's aus dem Wald". Da hören sie ein großes Fahrzeug herfahren, das beim Kindergarten das Blaulicht einschaltet. Alle schauen gespannt.

Ein Mann und eine Frau steigen aus und begrüßen die Kinder: „Guten Morgen! Wir sind Luise und Carsten. Hier ist ein verletzter Bär. Helft ihr uns ihn zu versorgen?" Die Kinder gehen vorsichtig, aber zügig mit den Erziehern zum Rettungswagen. Luise und Carsten holen die Trage aus dem Rettungswagen heraus, darauf liegt ein Kuschelbär. „Das ist Bruno. Er ist Fahrrad gefahren und dabei gestürzt. Wer möchte ihm helfen?", fragt Luise. Annemarie und Igor schauen sich an und gehen zu dem Bären. „Armer Bär. Wo tut es dir weh?", fragt Annemarie. Carsten antwortet für den Bären und sagt: „Mein linker Arm tut so weh. Und mein Knie auch." Annemarie streichelt den Bären. Das Knie ist rötlich und blutet wohl. „Habt ihr ein Pflaster?", fragt Igor. Luise gibt ihm einen Verband. „Ein Pflaster haben wir leider nicht, aber damit könnt ihr ihm auch helfen." Annemarie hält das Bein des Bären und Igor wickelt den Verband drum

herum. Nun noch der Arm. Selma und Max lösen die beiden ab und verbinden den Arm. „Meine Mama gibt mir was Kühles, wenn ich mir weh getan habe." sagt Emma. „Eine gute Idee!" sagt Luise und gibt Emma einen kalten Beutel. Nun guckt der Bär schon zufriedener. „Ihr habt das toll gemacht!", sagt Carsten. „Ich hätte mich bei euch auch gut aufgehoben gefühlt. Nun stellt euch mal vor, ihr seid am Spielen mit eurem Freund und der tut sich weh. Was macht ihr da?" Die Kinder überlegen und antworten: „Zu ihm hingehen. Und streicheln. Und die Mama oder den Papa rufen." „Genau richtig.", sagt Carsten. „Ihr schaut nach dem Freund, fragt, was passiert ist und holt Hilfe. Und falls eure Eltern auch Hilfe brauchen, dann kommen wir. Wollt ihr euch mal den Rettungswagen von innen anschauen?"

Die Kinder gehen neugierig in den Rettungswagen und bekommen gezeigt, was es alles außer Verbänden und Kühlbeuteln gibt. „Ganz schön viel!", sagt Max. Igor meldet sich freiwillig, sich auf die Trage zu legen. Dann wird ihm der Blutdruck gemessen. Kleber kommen auf seine Brust und es entstehen witzige Zacken auf einem Gerät. Es piepst, als er einen Clip auf seinen Finger gesteckt bekommt. Die Kinder dürfen ausprobieren und bekommen von Carsten und Luise alles erklärt. „Und nun, meint ihr, wir können kurz das Martinshorn anmachen?", fragt Luise. Emma sagt: „Ja, aber nur ganz kurz, sonst erschrecken die Tiere im Wald so sehr!" Und dann tutet es einmal kurz auf. So was Spannendes!

80/min
99%

Der Gemüsegarten

Annemarie freut sich heute auf Regenwürmer! Denn heute wird der Gemüsegarten wieder bepflanzt und dabei findet sie bestimmt viele Regenwürmer.

Erzieherin Christine hat kleine Gläser mit Samen dabei. Sie sehen ganz unterschiedlich aus. Die einen ganz klein und die Kartoffeln im Eimer so groß. „Aus den winzigen Samen sollen mal Möhren und Radieschen werden?" Igor ist ganz verdutzt.

„Jeder kann sich ein Stöckchen suchen.", sagt Christine.

„Wir ziehen nun Rillen. Dort kommen die Radieschen- und Möhrensamen rein. Die Möhren brauchen viel mehr Zeit zum Wachsen. Bis dahin haben wir die Radieschen geerntet.", erklärt Christine.

Nun holen sie kleine Spaten. Derweil fängt Emma an zu singen: „Wer mag fleißige Gemüseanbauer seh'n, der muss zu uns Kindern gehen. Samen neben Samen, Samen neben Samen, so wächst unser Gemüse du wirst es sehen." Die anderen Kinder stimmen mit ein.

Jonas und Igor graben fleißig ein Loch neben dem anderen.

Emma und Selma stecken je eine Kartoffel rein. Dabei schnappen sich Annemarie und Max jeden Regenwurm, den sie entdecken.

Sie bauen aus kleinen Stöckchen ein mini Tipi neben den großen Tipis und legen dort die

Regenwürmer rein. Die anderen kommen auch und bewundern, wie viele Regenwürmer die beiden bereits gesammelt haben. „Nun setzen wir die Bohnensamen ein. Aus ihnen werden große Pflanzen, die an den Tipis hochwachsen.", sagt Christine. Dafür buddeln sie kleine Löcher um die zwei Tipis. Dort legen sie Bohnensamen hinein. „Ich freue mich schon, wenn das Tipi dann mit Bohnen zuwächst. Dann kann man sich gut darin verstecken.", sagt Emma. „Jetzt haben wir noch zwei ganz ähnliche Samen. Beide Pflanzen benötigen viele Nährstoffe und deshalb setzen wir sie auf unseren Komposthaufen vom letzten Jahr. Die eine Pflanze hat große orangene Früchte, die andere grüne längliche. Wer weiß, was es ist?", lautet Christines Rätsel. „Orangen", ruft Max. „Nein, denen wäre es hier zu kalt. Und deren Kerne sehen auch anders aus, oder? Sicher habt ihr schon mal einen Kern in einer Orange gesehen.", antwortet Christine. Emma errät den Kürbis und erhält die Samen und Jonas die Zucchini. Gemeinsam setzen sie diese in die Komposterdehaufen. „Ich habe Durst!", sagt Selma. „Lasst uns gemeinsam was trinken gehen und dann gießen wir noch alles.", sagt Christine. „Jawohl, Wasser Marsch für uns und die Pflanzen", ruft Jonas. Alle müssen lachen und rennen zu ihren Trinkflaschen. Danach werden die Samen gegossen.

Hasenwerkstatt

Annemaries und andere Eltern haben Zwiebelschalen gesammelt und diese mit in den Kindergarten gebracht. Heute wird endlich aufgelöst, was sie damit machen. Eine Rote Beete liegt noch parat und viele Eier. „Guten Morgen liebe Kinder! Zieht alle eure Arbeitshandschuhe an und wir begeben uns auf Brennnesselsuche.“, sagt Erzieherin Kathrin. „Aber die tun doch weh!“ Selma ist empört. „Mit den Handschuhen wird es klappen, ohne dass sie brennen. Du wirst sehen.“, antwortet Kathrin. Am Waldrand finden sie ein Brennnesselfeld. „Oh schaut, schöne viele Schmetterlinge!“ Annemarie bleibt stehen und zeigt sie den andern. Dann sammeln sie Brennnesseln in einem Körbchen und entdecken derweil schöne Blümchen: Wiesenschaumkraut, Immergrün, Schlüsselblumen und im Wald ist ein weißer Blütenteppich aus Buschwindröschen. Ein paar Blumen werden auch gesammelt und die Kinder stecken sie sich am Rucksack fest. Selma, Emma und Annemarie gehen zu Erzieherin Christine. „Kannst du sie uns zum Kranz flechten?“ Christine flechtet drei schöne Blumenkränze. Die Mädchen setzen sie stolz auf. Mit Blumen geschmückt und vollem Brennnesselkörbchen geht es zurück zum Kindergarten. Erzieher David macht mit Max und Emma ein Feuer in der Feuerschale. Kathrin schneidet mit Selma

die Rote Beete klein und gibt sie in einen Topf. Emma und Igor füllen die Zwiebelschalen in einen Topf und Annemarie und Selma die Brennnesseln in einen anderen. In alle Töpfe kommt Wasser. Nun werden die Töpfe über das Feuer gestellt. Jonas meint: „Und wer soll das essen? Ich mag lieber mein Käsebrot." „Das kannst du nun auch essen.", sagt Christine. Nach der Frühstückspause wird der Sud aus den drei Töpfen gefiltert. Die Eier werden in den Sud gelegt und gekocht. Alle sind gespannt! Kathrin holt rote, orangene und grüne Eier aus den Töpfen. „Oh wie schön!", meint Igor. „So färben wohl die Hasen die Eier zu Ostern."

Zimmer frei im Insektenhotel

„Seid mal alle ganz leise", sagt Erzieherin Kathrin. Die Kinder verstummen im Morgenkreis und lauschen. „Was habt ihr gehört?", fragt Kathrin. Die Kinder schauen sie erwartungsvoll an. „Hört ihr ein Summen? Hört nochmal." Und wieder sind alle gespannt. „Ja!", sagt Emma und strahlt. „Das sind die Insekten, die umherfliegen.", ergänzt Igor. „Genau! Und diesen Insekten möchten wir Unterschlupfmöglichkeiten bauen.", sagt Kathrin. Jeder bekommt eine leere Dose. Die Werkbank steht bereit und gesammelte Schilfrohre und Sonnenblumenstängel sowie Bambusrohre werden auf die Länge der Dosen abgesägt. Derweil rührt Selma mit Erzieher David den Kleber an. Auf jeden Dosenboden kommt ein dicker Klecks Kleber rein. Und dann werden die Niströhren dicht an dicht in die Dose gesteckt. „Nun haben wir ganz schön viele Röhrenzimmer für die Insekten gebaut. Das ist ja wie ein Hotel!", meint Sebastian. Am Maltisch malen sie noch ihre Dosen an: schöne Bienen und Marienkäfer, aber auch andere bunte phantasievolle Insekten entstehen.

Während die Dosen trocknen, erklärt Kathrin, dass sich manche Insekten nicht von waagrechten Insektenhotels begeistern lassen und lieber in stehen gebliebene verblühte Stauden oder Stängel hineinschlüpfen. Deshalb ist es wichtig diese im Winter stehen zu lassen. „Wer kennt denn ein Lied über Insekten?" Selma fällt das Sonnenkäferlied ein. Sie setzen sich alle in einen Kreis und singen Lieder. David holt derweil den Korb voller Kiefernzapfen und gelbe Wolle. Jedes Kind nimmt sich einen Zapfen und umwickelt diesen mit gelber Wolle. „Was das wohl gibt?" Emma überlegt. „Ist doch klar, Bienchen!", sagt Annemarie. „Aber die brauchen doch Flügel." „Das stimmt!" David gibt Emma und den anderen Kindern kleine, weiße Papiere. Nun noch einmal ums Papier und dann um den Zapfen wickeln und tatsächlich, plötzlich sind ganz viele Bienen da. Annemarie stimmt in das Lied „Summ, summ, summ, Bienchen summ herum" ein.

Sommer

Schiff ahoi

Der warme Sommerregen prasselt auf die Regenhüte der Waldkindergartenkinder. Sie sind im Wald unterwegs und singen: „Es regnet, es regnet, die Erde wird nass." Annemarie und Max freuen sich über die vielen Regenwürmer und kommen nur langsam voran. Doch dann ruft Igor: "Schaut mal, da ist ein Schiff gestrandet!" Die Kinder rennen alle zu einem umgestürzten Baum. Vorne und hinten ragen Bug und Heck hinauf. Die Kinder klettern auf das Schiff. Der Wind weht durch den Wald und es fängt stärker an zu regnen. Achtung, dort kommt eine hohe Welle auf uns zu!", ruft Max. Die Kinder klettern auf höhere Äste. „Haltet euch gut fest!", ruft Annemarie. Das Wasser spritzt! „Und noch eine Welle!", ruft Emma. Wieder spritzt es und die Kinder sind klatschnass.

Der Regen lässt nach. Alle lachen. „Schaut mal dort! Land in Sicht!", meint Selma. Sie zeigt in die Richtung der alten Eiche. Alle Kinder recken sich und legen die Hände über ein Auge, als würden sie durch ein Fernglas schauen. „Wir haben neues Land entdeckt. Ob es dort einen Schatz gibt?" Jonas beginnt zu singen: „Die Kinder, die sich Waldkinder nennen, wide-wide-wit bum bum!" Alle lachen und erkennen das Lied vom Kolumbus. „Wir sind gestrandet!", sagt Selma. Die Kinder klettern vom Schiff und gehen zur alten Eiche. „Hier ist der Schatz vergraben.", mutmaßt Max. Alle wühlen im Moos und entdecken Eicheln. „Schaut, Edelsteine! Wir sind reich!", ruft Annemarie.

Pfannkuchen

„Yippie, heute gibt es Pfannkuchen." Annemarie liebt Pfannkuchen. Und das besondere heute: Es gibt sie nicht zu Hause zum Mittagessen, nein, im Kindergarten. Jeder bringt etwas mit: Eier, Milch und Mehl und zum Abbacken etwas Öl. Jonas hat noch Frischkäse mitgebracht. Die Kinder können heute kaum erwarten bis der Morgenkreis vorbei ist. Erzieherin Christine macht mit Emma und Selma das Feuer. In eine Schüssel kommen alle Zutaten und nun wird ordentlich gerührt. „Puuh, ganz schön anstrengend ohne Küchenmaschine.", sagt Annemarie. Jeder reihum hilft und so entsteht ein gut vermengter Pfannkuchenteig.

Im Bauwagen sind drei kleine Pfannen. Diese haben viel längere Stiele als zuhause. Christine holt sie mit Max raus und stellt sie auf einen Tisch. Im Kräutergarten des Kindergartens holen sie frische Kräuter. Fleißig machen sich die Kinder an das Kleinschneiden der Kräuter und vermengen diese mit Frischkäse in einer Schüssel.

Nun kommt der spannende Teil: Das Feuer ist heiß genug. Sebastian, Selma und Igor bekommen zunächst die drei Pfannen. Etwas Öl hinein und über das Feuer halten. Jetzt kommt noch Pfannkuchenteig in die Pfanne. Alle schauen gespannt. Nun werden die Pfannkuchen gewendet. Dann

endlich sind die ersten Pfannkuchen fertig. Sie landen auf den Tellern. Der selbstgemachte Kräuterfrischkäse kommt darauf. „Hm, lecker, das duftet.", sagt Emma. Allen läuft das Wasser im Mund zusammen. Fleißig machen sich die nächsten ans Abbacken. Dann tritt eine genüssliche Ruhe ein und jeder lässt sich seinen Pfannkuchen schmecken. Die Vögel zwitschern im Hintergrund und hätten wohl auch gerne Pfannkuchen.

Barfußpark

Der Sommer zeigt sich von seiner heißeren Seite. Die Kinder schwitzen schon beim Morgenkreis. Sie trinken nochmal was und los geht es in den Wald. Es werden heute wieder wie in den vergangenen Tagen unterschiedliche Naturmaterialen gesammelt: Rinde, Äste, Zapfen, Moos, Stöcke und große und kleine Steine. Die Vögel zwitschern und die Insekten summen. „Oh, seid mal leise." Erzieherin Kathrin legt ihren Finger auf die Lippen. Die Kinder werden ruhig und da hören sie es: „gu-kuh, gu-kuh". „Ein Kuckuck!", ruft Annemarie. „Genau," sagt Kathrin. „Und wisst ihr, was der Kuckuck mit seinen Eiern macht?" „Er legt sie in fremde Nester.", weiß Selma. „Richtig. Und dafür lenkt sogar manchmal das Kuckuck-Männchen die Wirtsvögel ab. Wenn dann mal ein Kuckuck geschlüpft ist, wirft er die anderen Eier aus dem Nest und stößt auch die Stiefgeschwister raus.", erklärt Kathrin. „Wie gemein!" Jonas ist empört über das Verhalten.

Zurück im Kindergarten sortieren die Kinder alles und machen unterschiedliche Haufen. „Für was brauchen wir all das?", fragt Jonas. „Wir bauen uns einen eigenen Barfußpfad.", verrät Kathrin. Die Kinder packen fleißig an und im Nu entsteht der eigene kleine Barfußpark. Ganz am Ende stellt Kathrin eine lange Wanne hin. Mit Gießkannen tragen sie Regenwasser hin und füllen sie. Nun sind alle gespannt und wollen es ausprobieren. „Das piekst ja!", sagt Selma, die gerade über die Zapfen läuft. Vorsichtig setzt sie einen Fuß nach dem anderen „Komm hier auf das Moos, das ist ganz weich und schön kühl.", sagt Annemarie. Nun kommt die Stelle mit den großen Steinen. „Die liegen aber weit auseinander.", meint Annemarie. „Balancier darüber. Das schaffst du.", antwortet Kathrin. Und ganz am Ende ist die Wasserwanne. Das erfrischende Wasser tut gut und gleichzeitig werden die Füße sauber. „Und nun nochmal von vorne!", ruft Max.

Libellen

Die Waldkindergartenkinder sind zu einer kleinen Wanderung aufgebrochen. Sie kommen an einem Weiher vorbei. Ein Paar Stockenten schwimmt dort und ganz viele Jungenten hinterher. „Die sehen flauschig aus!" Annemarie beobachtet mit Selma die Entenjungen. Plötzlich summt etwas laut an ihren Köpfen vorbei. Die zwei Mädchen erschrecken. „Das war eine Libelle.", beruhigt Erzieher David die beiden. Und da entdecken sie tatsächlich im Schilf zwei Libellen sitzen. Leise kommen die Kinder zusammen und schauen sich die Libellen an. „Sie schillern so schön blau.", sagt Annemarie. „Blau ist meine Lieblingsfarbe.", sagt Jonas. Die Libellen fliegen weiter. „Lasst uns kleine Stöckchen und Ahornsamen sammeln.", schlägt David vor. Er geht zu einem Ahornbaum und zeigt den Kindern einen Ahornsamen. „Das ist doch ein Nasenzwicker.", sagt

Sebastian. „Bei mir ist es ein Propeller.", meint Jonas. Die Kinder setzen sich die Ahornsamen auf die Nasen. Dann versuchen sie sie als Propeller fallen zu lassen. Das klappt mit den ganz trockenen. „Hier kommt ein Hubschrauber!", ruft Max. Der Samen dreht sich ganz schnell und landet auf dem Boden. Nun stecken sie einige in das Körbchen und laufen zum Kindergarten zurück. Jeder hat ein Stöckchen und einen Ahornsamen.

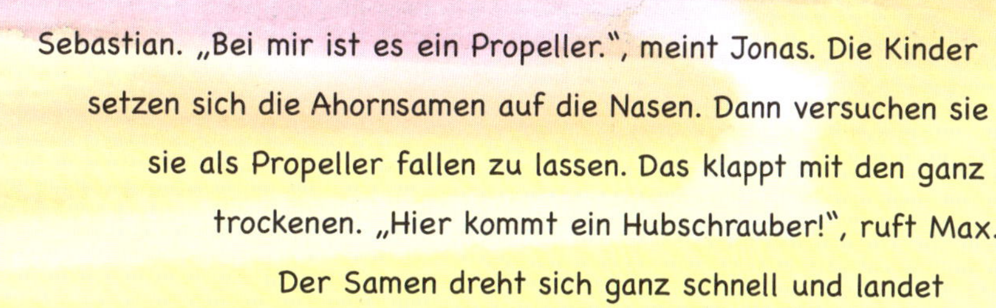

David verteilt bunte dicke Fäden. Diese wickeln sie um die Stöckchen herum. Vorne wird der Ahornsamen daraufgelegt und auch umwickelt. „Eine Libelle!" Emma ist begeistert. An einen Ast am Apfelbaum hängen sie ihre Libellen auf. Die Sonne lässt die Libellen leuchten. Der leichte Wind lässt sie hin und her fliegen.

Auf Beerenjagd

„Heute gehen wir auf Beerenjagd!", sagt Erzieherin Christine. Die Kinder schauen überrascht auf. „Gibt es hier Bären?", fragt Emma. „Nein, inzwischen gibt es hier keine mehr. Wir wollen auch keinen Bären erlegen, sondern Brombeeren und Blaubeeren sammeln.", antwortet Christine. „Oh lecker!", ruft Max. Los geht es. Überall am Waldrand sind die Brombeeren an den dornigen Ästen. „Au, ich habe mich gepikst!", stöhnt Jonas. Er zeigt seinen Finger. „Dein Finger ist ganz schön rot.", sagt Emma. Aber zum Glück ist es nur leckerer Brombeersaft, der die Hände so bunt macht. „Ich bin bärenstark!" Jonas nimmt einen Stock und drückt die stacheligen Äste zur Seite. So kommt er an noch mehr Beeren heran. Selma und Annemarie lachen. Die Kinder sammeln fleißig in die Körbchen. Sie gehen weiter in den Wald hinein. Dort finden sie viele Heidelbeeren. Dann geht es zurück zum Kindergarten.

Die Beeren werden zunächst gewaschen. Die Kinder naschen einige Beeren und bekommen ganz blaue Zungen. „Schaut mal!", ruft Emma und streckt ihre Zunge heraus. Dann kommen die Beeren in einen großen Topf. Dazu kommt Joghurt und nun wird kräftig verrührt. Jedes Kind hilft mit. „Der weiße Joghurt wird nun blau!", ruft Annemarie und schaut fasziniert zu. Jeder hat ein Schälchen dabei. Die Waldkindergartenkinder setzen sich in einen Kreis. Erzieherin Kathrin teilt allen aus.

„Ich habe so einen Bärenhunger!", sagt Igor. Die Kinder genießen ihren Beeren-Joghurt und Christine liest ihnen im Anschluss eine Geschichte über die Braunbären vor.

Natur Atelier

Die Waldkindergartenkinder sind mit Körbchen im Wald unterwegs. „Lasst uns Naturschätze sammeln.", ermuntert Erzieher David die Kinder. „Guck mal da, ein schönes Schneckenhaus." Selma zeigt Annemarie ihren Schatz. Auf dem Weg finden sie noch weitere. „Ich habe hier einige Lärchenzapfen entdeckt.", ruft Igor den anderen Kindern zu. Jonas kommt gesprungen und zupft mit ihm von dem herunter gefallenen Ast die Lärchenzapfen ab. Max pflückt Habichtskraut und Klee. „Guckt mal, das sieht ganz ähnlich wie Löwenzahn aus." Er zeigt auf die gelbe Blume. Die Kinder sammeln fleißig weiter. Es entsteht ein schöner Blumenstrauß. Emma findet dunkles Moos und nimmt davon mit. Dann werden noch die schönsten Stöcke und Steine eingesammelt. Die Körbchen sind vollgepackt.

Zurück am Kindergarten erklärt David: „Wir machen nun Mandalas. Annemarie, leg einen der Schätze in die Mitte." Annemarie legt dafür das schöne große Schneckenhaus in die Mitte. Dann legt Selma Lärchenzapfen drum herum. Im Anschluss macht Max einen Kreis aus Moos. Igor nimmt den roten Klee. Nun kommen Stöckchen, dann Steine. „Und jetzt legen wir Habichtskraut drumherum.", sagt Emma. Es ist ein wunderschönes Kunstwerk entstanden. „Und ich dachte, man kann Mandalas nur malen.", sagt Annemarie.

Schätze aus dem Kräutergarten

Die Kinder sind im Morgenkreis versammelt. Erzieherin Christine hat etwas Grünes zwischen ihren Fingern. Sie reibt daran und geht im Kreis herum. Jeder darf riechen. „So winzig und es duftet so stark!" Emma ist fasziniert. „Und es hat auch einen starken Geschmack. Das sind Kräuter. In meiner Hand habe ich Rosmarin.", sagt Christine. Heute wollen die Kinder Kräutersalz herstellen. Zunächst gehen sie zu ihrem Kräuterbeet. Sie haben neben dem Rosmarin noch Petersilie, Salbei, Thymian, Pfefferminze und Schnittlauch angepflanzt. Alle Kräuter sehen ganz anders aus: Der Rosmarin wie Tannennadeln, der Salbei hat silberne Blätter, der Thymian ist ganz winzig und der Schnittlauch sieht wie lange Grashalme aus. Mit einer Schere schneidet Erzieherin Kathrin von jedem etwas ab.

„Guckt mal, man kann durch den Schnittlauch durchgucken. Das sind ja mini Fernrohre.", sagt Annemarie.

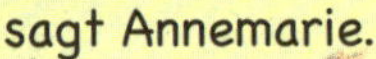

Die Kinder setzen sich an den Tisch und schneiden die Kräuter ganz fein. „Ganz schön anstrengend in so winzige Stückchen zu schneiden.", sagt Jonas. Überall riecht es nach Kräutern. Nun kommt grobes Salz und etwas von den Kräutern in einen Mörser. Mit einem Stößel zerdrücken die kräftigen Waldkindergartenkinder das Salz. „Das riecht aber gut!" Annemarie schnuppert an dem Salz vor ihr. Sie füllen das Kräutersalz in Gläschen.

Alle wollen probieren. Sie legen im Kreis ihre Tischdecken und Sitzkissen auf den Boden. In ihren Frühstücksdosen sind Butterbrote. Jeder bekommt etwas von dem Salz darauf gestreut. Man sieht nur kleine grüne Pünktchen auf dem Brot. Die Salzkörner sind kaum zu entdecken „Hm, wie lecker. Das schmeckt aber gut.", sagt Annemarie begeistert.

Sie isst voller Genuss ihr Brot auf. Jedes Kind bekommt ein Kräutersalz-Gläschen mit nach Hause. Denn nun beginnen die Sommerferien. „Tschüss, bis im Herbst!", ruft Annemarie.

Weitere Buchempfehlungen

Heilpädagogisches Reiten:
Pferdeträume. Ganzheitliche Ansätze im Reitunterricht mit Kindern.
Mit vielen Anregungen, Spielideen und Geschichten die Kinder mit ihren unerschöpflichen Träumen und ihrer Phantasie stark macht.

ISBN: 978-3926341181, 344 Seiten DINA5, Hardcover, 24,80 EUR

Ein Praxishandbuch für Eltern, Lehrer, Pädagogen, Therapeuten
„Spielend in die Kraft" ist die Einladung zu einer Reise. Sie führt durch Wälder, Wiesen und verzauberte Orte zum Ursprung des Kindseins. In 59 Szenen lässt Armgard Schörle uns miterleben, wie kraftvoll das Erfinden und Spielen von eigenen Geschichten sein kann.

ISBN: 978-3926341280, 292 Seiten 21x21 cm, Hardcover, 24,00 EUR

„DAS BEWEGTE ABC - Das große Mausini®-Buch" Inkl. Memo-ABC
Für alle 26 Buchstaben aus dem deutschen Alphabet (je 6 Seiten):
Liebevoll gezeichnete Tierbuchstaben, spannende Tierinfos, Ausmalseiten, Bewegungsspiele, Lieder mit Noten, Schreibübungsseiten, Logopädische Sprachperlen, Kreative Spielideen.

ISBN: 978-3926341617, 176 Seiten DINA4, Hardcover, 27,80 EUR